MRS. CATSKILL

MRS. CATSKILL
Greetings from the Catskill Mts., N. Y.

MRS. CATSKILL
Greetings from the Catskill Mts., N.Y.

MRS. CATSKILL

MRS. CATSKILL

MRS. CATSKILL
Greetings from the Catskill Mts., N. Y.

MRS. CATSKILL

MRS. CATSKILL

MRS. CATSKILL
Greetings from the Catskill Mts., N. Y.

MRS. CATSKILL
Greetings from the Catskill Mts., N. Y.

MRS. CATSKILL

MRS. CATSKILL
Greetings from the Catskill Mts., N. Y.

MRS. CATSKILL

MRS. CATSKILL
Greetings from the Catskill Mts., N. Y.

MRS. CATSKILL
Greetings from the Catskill Mts., N. Y.

MRS. CATSKILL

MRS. CATSKILL

MRS. CATSKILL

MRS. CATSKILL
Greetings from the Catskill Mts. N. Y.

MRS. CATSKILL

MRS CATSKILL

MRS. CATSKILL
Greetings from the Catskill Mts., N. Y.

MRS. CATSKILL

MRS. CATSKILL
Greetings from the Catskill Mts. N.Y.

MRS. CATSKILL
Greetings from the Catskill Mts., N. Y.

MRS. CATSKILL
Greetings from the Catskill Mts., N. Y.

MRS CATSKILL

MRS. CATSKI

MRS. CATSKILL

MRS. CATSKILL
Greetings from the Catskill Mts., N.Y.

MRS. CATSKILL
Greetings from the Catskill Mts., N. Y.

MRS. CATSKILL

MRS. CATSKILL

MRS. CATSKILL
Greetings from the Catskill Mts., N.Y.

MRS. CATSKILL

MRS. CATSKILL

MRS. CATSKILL

MRS. CATSKILL

MRS. CATSKILL
Greetings from the Catskill Mts. N.Y.

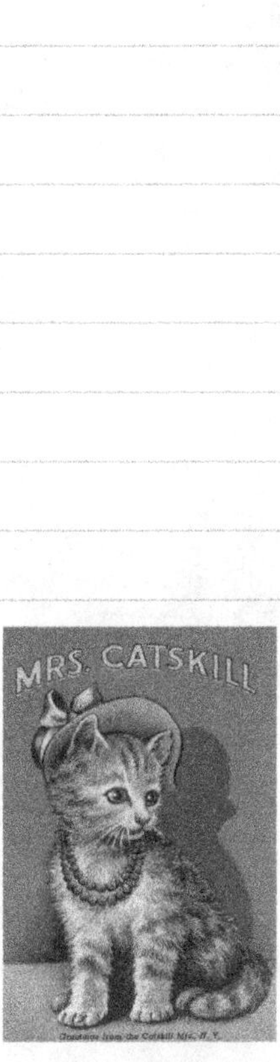
MRS. CATSKILL

MRS. CATSKILL

MRS. CATSKILL
Greetings from the Catskill Mts., N. Y.

MRS. CATSKILL

MRS. CATSKILL
Greetings from the Catskill Mts., N. Y.

MRS. CATSKILL

MRS. CATSKILL
Greetings from the Catskill Mts., N. Y.

MRS. CATSKILL

MRS. CATSKILL
Greetings from the Catskill Mts., N. Y.

MRS. CATSKILL
Greetings from the Catskill Mts., N. Y.

MRS. CATSKILL
Greetings from the Catskill Mts., N. Y.

MRS CATSKILL
Greetings from the Catskill Mts., N.Y.

MRS. CATSKILL
Greetings from the Catskill Mts., N. Y.

MRS. CATSKILL
Greetings from the Catskill Mts., N. Y.

MRS CATSKILL

MRS. CATSKILL

MRS. CATSKILL

MRS. CATSKILL
Greetings from the Catskill Mts., N. Y.

MRS. CATSKILL

MRS. CATSKILL
Greetings from the Catskill Mts., N. Y.

MRS. CATSKILL
Greetings from the Catskill Mts., N.Y.

MRS. CATSKILL

MRS. CATSKILL
Greetings from the Catskill Mts., N. Y.

MRS. CATSKILL
Greetings from the Catskill Mts., N.Y.

MRS. CATSKILL

MRS. CATSKILL
Greetings from the Catskill Mts., N. Y.

MRS. CATSKILL
Greetings from the Catskill Mts., N.Y.

MRS. CATSKILL

MRS. CATSKILL
Greetings from the Catskill Mts., N. Y.

MRS. CATSKILL
Greetings from the Catskill Mts. N.Y.

MRS. CATSKILL
Greetings from the Catskill Mts., N.Y.

MRS. CATSKILL

MRS. CATSKILL
Greetings from the Catskill Mts. N.Y.

MRS. CATSKILL
Greetings from the Catskill Mts., N. Y.

MRS. CATSKILL

MRS. CATSKILL

Printed in the USA
CPSIA information can be obtained
at www.ICGtesting.com
CBHW020305171024
15901CB00052B/875

9 798385 437948